Alltag mit Männern –

Glück oder Plage?

Stefanie Roos, geboren 1983, lebt als alleinerziehende Mutter mit ihren Zwillingen in Rheinland-Pfalz, Deutschland. Die Idee zu diesem Buch kam ihr, als sie im Internet surfte und dort so manche Geschichten lass. Durch ihre eigenen Erfahrungen und die Erzählungen ihres Umfeldes fasste sie den Entschluss, diese Erlebnisse niederzuschreiben.

Es ist ihr zweites Werk (Der Traum vom ersten Kuss) und weitere werden sicherlich noch folgen.

Impressum

Originalcopyright ©2011 Stefanie Roos
Covercopyright© S. Hofschlaeger / pixelio.de
Sterne am Himmel Seite105 Bildcopyright© Uschi
Dreiucker / pixelio.de

Herstellung und Verlag:
Books on Demand GmbH, Norderstedt
ISBN 978-3-8423-7315-0

Stefanie Roos

Alltag mit Männern - Glück oder Plage?

Humorvoller Ratgeber

Außerdem von Stefanie Roos beim BoD Verlag erschienen:

Der Traum vom ersten Kuss
(romantische Kurzgeschichte)

Ich bedanke mich bei meiner
Familie,
die mir immer tatkräftig zur Seite
steht und bei meinen Freunden
und Bekannten,
die mich inspirieren.

Ich verliere nie die Beherrschung,
nur manchmal kann ich sie nicht gleich finden.

Harold Nicolson
britischer Diplomat

Denn das Glück,
geliebt zu werden,
ist das höchste Glück
auf Erden.

Johann Gottfried von Herder (1744-1803)
deutscher Dichter und Philosoph

Vorwort

Um die Frage beantworten zu können, ob das Zusammenleben, also der Alltag, mit Männern pures Glück ist, oder doch eher eine Plage, brauchen wir erst mal jede Menge Details!
Wie gestaltet sich das Leben, was verändert sich, wo liegen die Vor- und Nachteile?
Auf den folgenden Seiten möchte ich Ihnen gerne ein sehr oft diskutiertes Thema näherbringen,
das Leben zwischen Mann und Frau!
In diesem Buch habe ich Ihnen meine Eindrücke, sämtliche Vorurteile und die Sicht aus dem Blickwinkel von Mann und Frau geschildert!

Wenn Sie beim Titel schon schmunzeln mussten, dann lehnen Sie sich zurück und genießen dieses Buch.

Vorab möchte ich noch darauf hinweisen, dass es natürlich nicht bei jedem Paar so ist! Ausnahmen bestätigen ja bekanntlich die Regel!

♀ "Schatz bringst du bitte den Müll raus?"
Ein Satz, den wir Frauen fast täglich
wiederholen und der uns genauso oft ärgert!
Frauen werden sofort mit dem Kopf nicken
und verstehen auch die kleine Anspielung!
Wenn Sie nun männlichen Geschlechts sind,
werden Sie wahrscheinlich nur die
Augenbrauen hochziehen, den Kopf
schütteln und sich leise fragen „Warum".
Gerne beschreibe ich es Ihnen auf den
folgenden Seiten genauer.
Nein, es reicht nicht, liebe Männer, die erste
und letzte Seite zu lesen. Ja, dass
dazwischen sollte auch gelesen werden, ja,
genau alles!
Ja, das gesamte Buch!

Auch dieses Klischee stimmt:
Männer haben immer das letzte Wort!
♀ Schatz bringe den Müll raus!
♂ Ja mach ich!

Dieses Buch sollte mit einer guten Portion
Humor gelesen werden!
Es hat keinen männerfeindlichen
Hintergrund, wie Sie später noch lesen
werden, bekommen auch die Frauen gerne
mal einen Seitenhieb!
Sicherlich werden Sie sich hier und da
wiedererkennen. Es kann auch als Ratgeber

dienen.
Und liebe Frauen, wenn alles nichts hilft,
dann kann dieses Buch auch gut geworfen
werden!

Bitte verstehen Sie das als kleinen Spaß und
nicht als einzige Motivation!

Kapitel 1

Nehmen wir doch noch mal das Thema aus dem Vorwort auf!

♀ "Schatz, bring den Müll bitte raus!"

Während wir uns darüber wundern, dass er nicht selbst auf den Gedanken kommt, machen wir auch schon die ersten Fehler!
Ja es liegt tatsächlich öfter auch mal an uns!
(Männer wussten das ja schon immer)

Also, nehmen wir es doch mal genauer, dann brauchen wir uns auch weniger zu ärgern und die grauen Haare sprießen dann auch weniger!

Männer, die in eheähnlichen Verhältnissen oder der tatsächlichen Ehe leben, verlieren allem Anschein nach das Gespür, mitzudenken und dementsprechend zu handeln!
Sie brauchen haargenaue Anweisungen!
Bitte lachen Sie nicht, hier ist der Beweis!

Während wir noch damit beschäftigt sind, die

Wohnung zu säubern, saugen, Staub wischen und uns Gedanken über Gott und die Welt machen,
wird er die einzige Aufgabe, die er von uns aufgetragen bekommen hat, nicht bewältigen können.

♀ Schatz, bringe bitte den Müll raus
♂ Ja! (Und nichts geschieht!)

Erkennen Sie den Fehler!
Hätten wir ihm erklärt, was wir jetzt genau meinen, dann müssten wir uns nicht ärgern! Was wir ihm gesagt hatten, kam bei ihm so an.

♂ Müll rausbringen!

Nun muss er sich erst mal Gedanken drüber machen. Was für einen Müll? Wann soll ich das machen? Warum und wohin?
Wenn er sich dann endlich bewegt, nimmt er eine Tüte in die Hand und stellt sie vor die Wohnungstür!
Während er sich nun wundert (♂ dafür braucht die mich?!?!?), beginnen bei uns sofort die ersten Alarmglocken zu schlagen!
Wir schauen in die Küche, entdecken den Mülleimer, sind vielleicht im ersten Moment erleichtert (er hat den Müll rausgebracht) ...

... doch sofort erstickt dieses Gefühl im Keim.

Er hat keine neue Tüte einlegt!

Nun schauen wir genauer hin.
Es fehlt nicht nur die neue Tüte, nein, er hat auch nur eine rausgetragen!
Der restliche Müll steht immer noch im Kämmerchen!
Also beginnt es in uns, zu brodeln! Wir nehmen den restlichen Müll und tragen ihn nach draußen. Auf dem Weg dorthin stolpern wir auch über die einzelne Mülltüte und nun kochen wir vor Wut!
Ja, nicken Sie ruhig, aber hätten wir ihm gesagt:

♀ Schatz, bring bitte den gesamten Müll jetzt raus in den Container!

Wären alle Missverständnisse geklärt gewesen!

Ja, liebe Männer, auch wenn wir uns mal knapp ausdrücken,
so meinen wir doch eine Menge mehr und fordern ständig euer Mitdenken!
Mit einem so einfachen Satz bringen wir die Männer schon zum Schwitzen!

Bitte bedenken Sie also, in Zukunft immer ganz genaue Anweisungen zu tätigen.
So ärgern sie sich auch nicht mehr über die einzelne Mülltüte im Flur!

Kapitel 2

Folgendes Szenario!
Er sitzt gemütlich auf der Couch und sieht
das Spiel seiner Lieblingsmannschaft!
Er verspürt ein leichtes Knurren des Magens
und beschließt
♂ ja, ich habe Hunger!

Mit dem Wort Hunger im Kopf macht er sich
auch schon in die richtige Richtung auf, zur
Küche!
Er läuft zum Kühlschrank, öffnet diesen und
schaut mehrere Minuten rein. (Es geschieht
nichts!)
Er schließt den Kühlschrank, geht zur
Vorratskammer und schaut sich diese
genauer an! (Wieder geschieht nichts!)
Aus seinen Zeiten als Single kennt er noch
alle Fertiggerichte, die sich hier leider nicht
finden oder als solche zu erkennen geben!
Es passt einfach nichts zusammen! Kochen
ist nicht seine Welt!
(Bedenken Sie, dass wir hier über den
üblichen Mann sprechen. Nicht über den
Sternekoch, wo keiner so genau weiß, wie er
das nur geschafft hat!)

Schwer enttäuscht nimmt er sich ein Bier und begibt sich wieder ins Wohnzimmer zu seinem Spiel!
Das erneute Knurren seines Magens erinnert den Mann daran, dass er ja eigentlich noch immer Hunger hat! Und da kommen Sie ins Spiel, liebe Frauen!
Ihm ist es egal, ob Sie gerade unter der Dusche stehen oder sich abhetzen, um die Wohnung (tägliche Arbeit) in Schuss zu halten!
Er hat Hunger! Und das jetzt!

♂ Schatzi, ich habe Hunger! Was gibt es heute zum Essen?

Eine einfache Frage? Ja, eigentlich schon, aber sie lässt dennoch mehrere Möglichkeiten offen!
Meist kommt dann die scheinheilige Frage:

♂ Kochst du oder soll ich?

Er und kochen?? Er kann sich ja trotz mehrerer Minuten intensives Betrachten des Kühlschrankes und der Vorratskammer, immer noch keinen Reim drauf machen, was aus den unterschiedlichen Zutaten gekocht werden kann!
Sollten wir dennoch der Naivität nachgeben

und ihm mitteilen, dass er heute kochen sollte, werden wir gleich erstaunt sein, welche Möglichkeiten er uns bietet!!

Nach gründlichem Überlegen seinerseits kommen nun fast prompt wie aus der Pistole geschossen (nach geschätzten 10 Minuten) die Alternativen, die er bietet!

♂ Okay. Ich bestell was beim Pizzafritzen. (Und sie holt es ab)
   Oder wir könnten zum Essen ins Lokal fahren
   (schnell zugreifen, er ist in guter Spendierlaune).
   Oder wir fahren zu meiner Mutter! (Was ihm am liebsten wäre, so spart er Geld und Mutti weiß ja eh am Besten, was ihm schmeckt!)

Um weiteren gut gemeinten Möglichkeiten aus dem Weg zu gehen, werden Sie sich sicherlich schon entschlossen haben, selbst zu kochen!
♀ Ist gut, ich koche! (Ein kleiner Sieg für ihn schmeckt zwar nicht wie bei Mutti, aber es ist am Einfachsten)

Kapitel 3

Dieses Szenario endet nicht so schnell!

Sie stehen also am Herd, kochen aus den für
ihn nicht passenden Zutaten, sein
Lieblingsessen!
Da wir Frauen die Konversation lieben und
ein Essen gerne genießen, decken wir selbst
den Tisch, stellen Blümchen drauf und
zünden noch eine Kerze an!
In Gedanken haben wir Frauen uns bereits
ausgemalt, wie der Mann angemessen zu
reagieren hat, was wir besser lassen sollten!
Wir würden uns wünschen, dass gleich,
wenn er zu uns in die Küche kommt, wir
feierlich gelobt werden, wie hübsch wir
dekoriert haben und wie es duftet. Wir stellen
uns weiter vor, dass er gleich losplaudern
könnte, um uns über alle Einzelheiten seines
heutigen Tages in Kenntnis zu setzen!
Dadurch werden wir gleich maßlos
enttäuscht!
Als ob er es wüsste, dass das Essen nun auf
dem Tisch steht, kommt er in die Küche mit
der Miene eines Verhungerten.
Er sieht den gedeckten Tisch und das Essen,

das auf ihn wartet, und fragt dennoch …

♂ Ist das Essen endlich fertig?

Nicht aufregen, irgendetwas musste er ja
schließlich sagen!
Ohne lobende Worte setzt er sich an den
Tisch und beginnt sofort zu essen!
Immer noch in der Hoffnung jetzt würde ein
schönes, langes Gespräch ins Rollen
kommen, starten wir unsere "Befragung"!
♀ Schatz, wie war dein Tag? Schmeckt dir
das Essen?
♂ Beides gut!
♀ Danke. Was hast du denn heute so
gemacht?
♂ *seufzt* (kann man nicht mal in Ruhe
essen?)
   Gearbeitet.
♀ Hast du jemanden getroffen?
♂ Ja

Er beginnt sein Essen herunterzuschlingen,
um den weiteren Fragen aus dem Weg zu
gehen, aber hier hat er keine Chance,
unserer Hartnäckigkeit auszuweichen!

♀ Wen hast du denn getroffen?
♂ *stöhnt* Kai!
♀ Kai?! Habt ihr gesprochen? Wie geht es

denn ihm und Silke?
♂ Ja haben wir! Keine Ahnung!

Nicht wundern, na klar hat er sich mit Kai
unterhalten, jedoch nicht auf Frauenart! In
einem Männergespräch geht es um Dinge
wie Autos, PS, Arbeit, Sport und evtl.
Freizeit!
Letzteres haben sie ja eh nur noch mit uns
Frauen.
Hätten sich nun die Frauen getroffen, hätten
wir alles Wissenswerte erfahren! Wir
wüssten, wie es um die Beziehung steht, wer
was genau gemacht hat und wie es sich
noch zutragen könnte!

Bevor wir noch weitere Fragen stellen
konnten, erhebt er sich schnell, lässt uns
sein Geschirr stehen und verschwindet
wieder ins Wohnzimmer, um sich dem
Fernseher zu widmen!
Warum sind wir nur verblüfft darüber?
Wahrscheinlich, weil wir immer noch nicht
unsere Hoffnungen aufgeben wollten!
Sehen wir den Tatsachen ins Auge, leider
ging diese Runde an ihn!

Kapitel 4

Also machen wir das, was wir immer in solchen Situationen machen!
Nein, wir rennen ihm nicht hinter her, dafür sind wir ehrlich gesagt zu irritiert!
Wir räumen den Tisch ab, spülen das Geschirr und versinken immer noch in unseren Gedanken! Warum gab es kein richtiges Gespräch? Oh Gott, er hat eine Andere? Ihn bedrückt doch etwas!
Und das wissen wir dann auch immer ganz genau!! Während wir uns unserem Gedankenfluß hingeben, sitzt er unbekümmert ihm Wohnzimmer und denkt tatsächlich einfach nichts!
Nicht ahnend, was die Frau sich nun alles zusammenreimt, genießt er sein Fernsehprogramm, trinkt noch sein Getränk aus.
Mittlerweile ist die Frau richtig in Rage und vor lauter Frust über den Verlauf des "Gesprächs", widmet sie sich ihrem Putzwahn!
Leider entgeht uns, dass er im Bad verschwindet. Dann drückt er uns einen schnellen Kuss auf die Wange mit dem

Kommentar:

♂ Bin dann mal schnell weg, komm nicht zu spät heim, tschüss

Bevor wir jetzt reagieren können, ist auch die Tür schon hinter ihm zu!

Jetzt startet wieder unser Gedankenfluss, denn schließlich sehen wir jetzt die Bestätigung unserer vorangegangenen Gedanken!
Er verschwindet einfach, also muss ja was dran sein, er hat was!

Und dieses Nichtwissen macht uns Frauen richtig zu schaffen!

Schließlich müssen wir uns sonst ja auch immer um alle seine Belange kümmern.
Was könnte also nun dahinter stecken?
Wenn er nicht ernsthaft krank ist (was ihm nun besser zu raten wäre, sonst erlebt er sein blaues Wunder), dann kann es nur eine andere Frau sein!
Nun entsteht das wahre Phänomen!
Denn nun ist nicht mehr alleine er an der Situation schuld, nun haben wir rein gedanklich ja noch das Miststück, das ihm den Kopf verdreht hat! Immer mehr

verstricken wir uns in diesen Gedankengang. Vor lauter Wut und Zorn putzen wir alles, was wir bereits schon geputzt haben.

Kochend vor Wut!

Ein kurzer Blick auf den Kalender, weil wir uns ja das Datum merken wollen, an dem wir es herausgefunden hatten und schon wird uns ganz schlecht: Heute ist der Tag, an dem Kai und Silke zum Spieleabend kommen!

Genau in diesem Moment wird uns bewusst, dass er wahrscheinlich gar keine Andere hat, sondern nur die vorbestellten Getränke abholen geht!

Also wieder abregen, so schlimm war es ja dann doch nicht!

Als er nach Hause kommt, meldet sich unser schlechtes Gewissen und wir begrüßen ihn überschwänglich. Er hat keine Ahnung, was los ist, zieht draus allerdings die falschen Schlüsse und drängt uns Richtung Schlafzimmer!

Uns steht allerdings jetzt nicht der Sinn nach Sex. Wir haben immer noch im Kopf: BESUCH KOMMT GLEICH, BEEILUNG!!

Männer reagieren allerdings auf Zurückweisung unterschiedlich! Meinst denken sie, okay, wenn sie jetzt nicht will, dann frag ich in fünf Minuten noch mal. Oder sie sind beleidigt!

Hier war es - beleidigt!
Beleidigt, wie kein Anderer, zieht er sich
wieder ins Wohnzimmer zurück und widmet
sich erneut seiner Konsole!
Wir eilen ins Bad und sind dann erst mal
verschwunden! Der Kopf hängt noch bei der
Checkliste (geputzt? Abgehakt; alles
bereitgestellt? Ja so ziemlich), während wir
schnell duschen, Beine rasieren, Haare
waschen und abtrocknen, Zähne putzen,
frisieren, schminken.
Er erscheint kurz auf der Bildfläche, Zähne
putzen, kurz Wasser ins Gesicht ... FERTIG!
Und schon ist er wieder weg!
Das Klingeln der Tür reißt uns aus unseren
Gedanken, kurz lauschen (geht er mal an die
Tür - nein), erneut klingelt es!
Wir eilen zur Tür, werfen ihm noch
vernichtende Blicke zu (als ob das etwas
nützen würde) und setzen mit dem Öffnen
der Tür unser charmantestes und
entschuldigendes Lächeln auf!
In Begleitung unsers Besuches, laufen wir
entschuldigend am Wohnzimmer vorbei
direkt in die Küche! Warum entschuldigen wir
Frauen uns eigentlich immer für alles!
(Schließlich hätte ja auch er die Tür öffnen
können!)
Nach etlichen Minuten erscheint auch er
endlich in der Küche und hat auch sonst

nichts weiter mitzuteilen!
Es wird sich auf ein Spiel geeinigt, aufgebaut und losgelegt!
Die Stimmung? Aufgesetzt bis erdrückend!

Kapitel 5

Aus dieser Situation heraus zu kommen ist schwer! Noch schwerer, wenn er nach wenigen Minuten vergessen hat, warum er sauer war! Denn schließlich kommt nun ihm der Gedanke, dann versuch ich es halt später noch mal!
Der Abend mit Freunden kann friedlich verlaufen ... muss er aber nicht!
Denn es gibt immer (tatsächlich) irgendwann die Situation, dass einer etwas sagt, worüber sofort das Streitgespräch Männer gegen Frauen entfacht wird!
Also wird wild mit Argumenten um sich geworfen, jeder fühlt sich im Recht und keiner will Verständnis für die andere Seite zeigen. (Warum auch, Männer haben ja eh nie recht!)
Irgendwann kommt dann der Punkt, wo man entweder ganz schnell das Thema wechselt oder man ... muss da jetzt mit härteren Geschützen auffahren!
Was Männer nicht so gut beherrschen, wie wir!
Es ist ein schönes und gefährliches Spiel - meist dann, wenn er ausnahmsweise Mal

einen sensiblen Tag hat (ja, Männer bekommen auch mal ihre Tage).

Das Spiel wird also von uns Frauen beherrscht und wir genießen uns in dieser Rolle der Überlegenen!
Oft reicht schon ein Blick zur Couch und dann Richtung Schlafzimmer und er verstummt! Es sei denn, er ist gerade mit dem Blick in unseren Ausschnitt gewandert, dann versteht er diesen Blick auch wieder verkehrt! (Noch so ein Beweis, Männer denken immer an Sex.)
Sollten Blicke nicht genügen, werden oft nur einzelne Worte in den Raum geworfen (die bilden zwar auch einen Satz, aber die Pausen dazwischen reichen dem Mann, um Vorangegangenes zu vergessen).
♀ Schatz! (Warnender Unterton)
♀ Du kennst die Couch noch?
♀ Ist die bequem?
♀ Das Bett ja!

Während ihm, trotz des warnenden Untertons, erst mal alle möglichen Sexstellungen auf der Couch und dann im Bett durch den Kopf gehen, strafen wir ihn, wissend, was in seinem Kopf vorgeht, mit Blicken! Wieso wir immer wieder von vorne anfangen, können wir auch nicht erklären.

Die häufigsten Antworten auf solch eine Frage ist wohl die - Weil er es sonst ja doch nicht versteht!
Unterschätzen wir die Männer in dieser Hinsicht? Wissen sie eigentlich genau im ersten Moment, was wir von ihnen wollen und stellen sie sich nur unwissend? Oder haben wir recht und Männer sind zu große Kinder, denen man alles bis ins Detail erklären muss?

Wenn er sich dann doch endlich wieder etwas zurücknimmt und uns mit einem unschuldigen Lächeln zu bestechen versucht, sind wir meist sofort hin und weg von diesem Hundeblick! Und lieben wir nicht alle den Blick von kleinen, unschuldigen Tieren. Doch meist sind Männer wie Kinder, die ihre Grenzen testen müssen! Also sticheln sie weiter! (Würden sie bei ihrer Mama nie machen.)
Jetzt könnten wir meinen, getreu dem Motto „was sich liebt, das neckt sich", möchte auch er uns nur foppen. Aber seine Argumente sind nur am Anfang lustig, schnell überspannt er den Bogen - unbewusst? Leider ja, sie meinen es sehr oft tatsächlich nicht böse! Denn Sarkasmus, hinterhältige Sticheleien oder verführerische Überzeugungstaktiken sind nicht ihre Stärke!

Dies haben wir auch immer ihren Müttern zu verdanken, aber dazu später mehr!

Er überspannt vor seinem Freund und dessen Freundin den Bogen und so kommen für uns sehr unschöne Sätze zustande. Wir können diese belächeln und runter spielen oder ausrasten!
Entscheiden muss das jede Frau für sich!
Hier ein paar Beispiele:
♂ Schatzi, du weißt doch, ich steh auf dicke Frauen. (Sie hat Kleidergröße 38/40)
♂ Na, mein kleiner Buddha, noch was Süßes für Dich? (Sie hat ein klitzekleines Bauchröllchen)
♂ Tja, meine Mutter hat doch recht, was Dich betrifft.
♂ Für was brauchst du ein Geschenk? Ich bin doch Geschenk genug!! (Danke Schwiegermama)
♂ Blumen? Die verwelken doch so schnell.
♂ Heiraten? Weißt du, was eine Scheidung kostet?

Wie auch immer, es wird auch nicht besser!
Je nachdem, wie wir uns entschieden haben, die Situation zu ertragen, wird sich der restliche Abend gestalten!
Wenn wir nur lächeln, denkt er, er habe gewonnen und wird es immer wieder auf die

gleiche subtile Art versuchen. Irgendwann kennen wir dann auch alle seine Sprüche auswendig, denn auch hier ist er von der Erziehung der Mutter geprägt. Geben wir Kontra und zeigen ihm, so nicht mit mir, dann ist er oft beleidigt, ihm fehlt da die Übung der Kunst, zu argumentieren! (Schließlich würden wir nie einen Strafzettel für zu schnelles Fahren bekommen, jedenfalls nicht bei einem männlichen Polizisten). Rasten wir aus, ist der Abend genauso gelaufen. Da alle, peinlich berührt von dem Ausraster, nur an die schnelle Flucht denken!
Also, am besten lächeln, Zähne zusammenbeißen und nur kleine Sticheleien entgegensetzen!
Die gerechte Strafe fällt uns ja bestimmt schnell ein!

„Das Lächeln einer Frau ist die nette Art, den Männern die Zähne zu zeigen!"

Kapitel 6

Auch der schönste Abend geht mal vorüber!
Auf ihn wartet noch die Bestrafung, dessen
sind aber nur wir uns bewusst! Denn er hat
es ja nicht für bare Münze genommen, es
war ja nur Spaß! Während er uns
selbstgefällig angrinst und uns scheinheilig
noch etwas zur Hand geht, kommen nun die
prahlerischen Sprüche! Und in denen sind
Männer die Größten! Denn Angeberei,
Übertreibung, Scheinheiligkeit und
Möchtegern-Macho-Gehabe sind ihre
Spezialität!

♂ Na, Schatzi, war ein schöner Abend, gell?

♀ Ohhh ja, und er wird noch schöner!

♂ Ja, das hoffe ich doch ... brauchst du noch
lange in der Küche?

♀ Nein, nein, ich möchte Dich ja nicht länger
warten lassen. (Auch dieses Lächeln ist
mehr Drohung, als Sexlust)

♂ Ich geh schon mal vor!

Beide sind fröhlich am Strahlen, das Lächeln
wird immer größer. Ist aber so
unterschiedlich! Er überlegt naiv schon, was
sich gleich im Schlafzimmer abspielen

könnte, welches Rollenspiel oder sonstiges Szenario. Das wissen Männer nun wirklich besser!

Wir hingegen machen uns noch mal schnell im Bad zurecht, schließlich soll er richtig leiden!

In den schönsten, verführerischsten Dessous erscheinen wir am Türrahmen, drehen uns und lassen ihm noch einen Moment der Vorfreude. Wir spielen an den Haaren, gleiten zum Bett! Sein Strahlen und seine Blicke lassen uns noch mehr wachsen. Mit schnellen Handgriffen haben wir seine Bettsachen gepackt und werfen sie Richtung Flur! Mit entschlossenem Blick und funkelten Augen, erklären wir ihm, dass sein Nachtquartier die Couch sein wird, alleine! Enttäuscht, beleidigt und gedemütigt trottet er davon!

Der Sieg ist uns gewiss, aber nur eine Momentaufnahme! Schnell bekommen wir Mitleid, unser mütterlicher Instinkt meldet sich. Sind wir nicht von Natur aus so eingestellt, dass wir schwächere Geschöpfe beschützen und behüten möchten?

Natürlich geben wir das nicht zu, denn schließlich wollen wir, dass er darüber nachdenkt, sich entschuldigt! Er soll selbst erkennen, was er alles falsch gemacht hat! Wer ist hier naiv?

Seien wir doch mal ehrlich, liebe Frauen!
Auch, wenn es eine kleine Genugtuung war,
bestrafen wir uns jetzt nicht selbst?
Er schläft auf der Couch und ist sich sicher,
morgen ist alles wieder in Butter! Wir
zermartern uns den Kopf, die ganze Nacht.
Können nicht schlafen, weil er nicht da ist,
weil wir nun doch ein schlechtes Gewissen
haben, zu hart gewesen zu sein. Wir
betrachten unser Outfit und stellen fest, wie
schade es war, dass wir nicht diesen
Moment der Bewunderung sinnvoller genutzt
haben!
Sollten wir nicht eingeknickt sein, haben wir
eine lange, schlaflose Nacht vor uns!

Kapitel 7

Selektives Hören!
Noch so ein Wunder, das nur Männer
beherrschen! Für alle, die nicht wissen, was
selektives Hören ist. Man hört nur das, was
man hören möchte!
Ja, so was passiert nicht, weil es akustisch
nicht ankam, auch nicht wegen mangelnder
Konzentration. Nein, Männer stellen ihre
Ohren auf Durchzug und nur für sie wichtige
Worte finden Gehör!
Das ist unglaublich, aber wahr.
Hier der Beweis!

♀ Liebling, wir müssen aufräumen. Meine
Mutter kommt zu Besuch! Beeilung!
   Schnell, du bringst den Müll runter. Ich
räume hier auf dem Boden auf, es sieht echt
wild aus, was hast du hier nur getrieben?

Er hört:

♀ Liebling, wir ... Beeilung. Schnell ... du ...
ich ... auf dem Boden ... echt wild ...
getrieben!

Und er freut sich!
Selektives Hören funktioniert bei Männern in jeder erdenklichen Lebenslage! Uns treibt es in den Wahnsinn und er versteht nicht, warum wir schon wieder "zicken"!

♀ Ich bin so schlecht gelaunt! Meine neue Arbeitskollegin, so ein blondes Püppchen. Meint die doch, ich wäre sexuell frustriert, nur weil meine Brüste nicht halb aus der Bluse schauen und der Rock knapp über dem Hintern endet. Aber ihre Wasserflasche, die ich geschüttelt habe, ist explodiert und die hat sich komplett nass gemacht und blamiert! Die wird sich nicht mehr mit mir anlegen!

Er hört:

♀ Meine Arbeitskollegin ... blondes Püppchen ... Sex ... Brüste ... halb aus Bluse raus ... Rock knapp über Hintern ... Wasserflasche geschüttelt ... komplett nass gemacht

Und sein Kopfkino ist im Gang!

♀ Meine Mutter hat vorhin angerufen! Ich war kurz dort. Sie hat ihre Koffer schon gepackt. Du musst sie noch gleich zum

Flughafen fahren. Sie hat gepackt, als ob sie für immer wegfahren würde und nicht nur für ein paar Tage!

Er hört:

♀ Meine Mutter ... Koffer schon gepackt ... Flughafen ... für immer weg

Auch wenn er seiner Freude Ausdruck verleiht, so kam die Info, dass er seine Schwiegermutter zum Flughafen fahren soll, nicht an!

Wir wundern uns oft, dass Männer aus alltäglichen Geschehnissen, nicht alles mitbekommen. Aber sie hören nur die Hälfte, oder eher ein Drittel von dem, was wir reden! Für Männer ist der Informationsaustausch, den wir Frauen so sehr lieben, nur lästig und zu viel! Es ist ja auch statistisch bewiesen, dass wir Frauen täglich mehr Wörter benutzen, als Männer! Klar, Männer kommen bestimmt mit der Statistik, dass wir auch mehr lügen! Logisch, wer mehr redet, der ... naja, das sei mal dahin gestellt! Aber was Lügen sind, ist auch so ein Thema, das zwischen den Geschlechtern nicht unterschiedlicher sein könnte!

Kapitel 8

Erzieherische Maßnahmen!
Lebenswichtig? Bei jedem Mann? Nicht
wirklich, das hätten wir bei den Müttern
machen sollen!
Denn ihnen ist es zu verdanken, wie er ist!
Männer sind einfach gestrickt! Misserfolge,
wie auch Erfolge werden im Gehirn sofort
abgespeichert und unter Schema F immer
wieder zum Vorschein geholt!
Liebe Mütter!
Für das Verhalten ihrer Söhne tragen sie die
Verantwortung, ob es ihnen passt oder nicht!
Denn schließlich haben sie ihm im
Kindesalter beigebracht, was Freude bereitet
oder Missfallen!

Welche Mutter kennt das nicht, das erste
Mal, wenn er „Mama" sagt!? Man schmilzt
dahin, freut sich wahnsinnig! Sein Erfolg wird
gefeiert, alle werden angerufen oder herbei
geholt! Er wiederholt es und speichert unter
Erfolg ab
- Mama erkannt, gesagt, große Freude.

Unverständlich für ihn, wenn er betrunken

uns über den Weg läuft, uns sogar erkennt, mit Namen benennt und wir uns dann nicht freuen. Kein Feuerwerk, kein Lob!

Das erste Geschenk, das Junior seiner Mama macht. Nichts Besonderes, ein selbst gemaltes Bild! Wieder große Freude und Lob von Mama, Bewunderung für das Kunstwerk! Abgespeichert unter
- Kleinigkeit schenken, große Freude.

Ja, auch selbst gepflückte Blumen können uns hin und wieder begeistern, aber nicht die aus dem eigenen Vorgarten, die wir mühsam hochgezogen haben!

Da seine Geschenke, sowie sein Augenaufschlag bei seiner Mutter immer wieder Begeisterung hervorgerufen hat, hat er es so auch abgespeichert.
Später ist er dann allerdings oft überfordert!
Schließlich ist es unbegreiflich, warum seine Freundin sich nicht darüber freut und es filmt, wenn er sein Geschäft auf der Toilette erfolgreich verrichtet hat.
Warum sie nicht überschwänglich begeistert ist, wenn er außer ihrem Namen, auch noch den ihrer Familie kennt!
Warum möchte sie mehr geschenkt bekommen, als ein Probefläschchen von

ihrem Lieblingsparfum?
Reicht es nicht, dass ich an sie denke, muss
ich ihr ständig sagen, wie oft?
Warum will sie ständig wissen, dass ich sie
liebe? Ich bin doch hier!
Warum muss ich mich ständig ändern?
Meine Mutter liebt mich so, wie ich bin!

Dem armen Mann schwirrt der Kopf!
An so viele Dinge muss er denken, beachten
und sich merken! Das kennt er so nicht!
Schließlich hat seine Mutter immer alles für
ihn gemacht und das auch noch gerne. Sie
hat sich ihm ja schon förmlich aufgedrängt
und mit Freude alles zu seiner Zufriedenheit
erledigt!

Eigentlich sollten wir, mit diesem Wissen,
mehr Rücksicht auf die Männer nehmen!
Aber war es nicht auch eine Mutter, die uns
erklärt hat ...
- Tochter, lass dir nicht alles gefallen.
- Du bist mehr wert.
- Für meine Prinzessin doch nur das Beste
(meist vom Vater gesagt)
- Das Beste sollte dir nicht immer gut genug
sein.

... und so weiter!

Ja, es ist sehr schwierig, den Alltag zu bewältigen! Aber auch kleine Erfolge von ihm müssen wir loben lernen!

♀ Toll, dass du den Toilettendeckel mittlerweile hochklappen und runter klappen kannst
♀ Ja, die Blumen sind schön und ja, von hier aus sehe ich sie besser, als im Garten
♀ Ich komme mit und schau mir an, wie toll du den Gefrierschrank abgetaut hast.

Und Männer sollten lernen:

- Geschenke sollten zwar von Herzen kommen, jedoch nicht aus dem Garten
- Der richtige Name zur richtigen Frau
- Zuhören, und zwar richtig, also alles, auch wenn es nicht interessant sein könnte.

Kurz gesagt:
Wer Sex will, muss freundlich sein!

Kapitel 9

Einkaufen, der Horror der Männer!
Egal, ob es sich um Lebensmittel handelt
oder Kleidung, Männer wollen es so kurz wie
möglich handhaben!
Alles ist lästig und überschreitet den
männlichen Verstand!
Warum sagt sie „nur mal schauen", wenn sie
doch wieder alles kauft?!
Warum muss ich mit, wenn ich doch gar
keine Lust habe?
Warum fragt sie mich nach meiner Meinung,
wenn sie dann doch das Gegenteil davon
macht?
Für was brauche ich Vitamine und dann noch
so viele, wenn ich doch auch einfach eine
Tablette schlucken kann?
Für was braucht sie noch mehr Schuhe und
Taschen, sie hat doch welche?
Warum soll ich mir andere Sachen kaufen,
die, die ich habe sind doch bequem?

Männer, doch mal ehrlich, ihr seid dennoch
glücklich, dass ihr uns habt!
Selbstverständlich könnt ihr nur glücklich MIT
uns sein und wir entscheiden auch, in

welcher Form und über die Häufigkeit!
Wie auch immer ihr das sehen wollt, es ist
eine Tatsache!
Ihr könnt nicht ohne uns, mit uns nur, wenn
wir das wollen!

Einkauf der Lebensmittel ist auch für euch
wichtig, da es ja euch sättigen soll. Es ist
aber kein Mysterium! Verschiedene
Lebensmittel ergeben eine Mahlzeit! Ja, es
gibt es auch alles in einer Packung, die
schon fertig ist und nur noch erwärmt werden
muss! Aber das, was wir euch kochen, ist
doch meist schmackhafter und gehaltvoller!
Klar hat eure Mutter anders gekocht und ja,
bei Mutter ist es am Besten! Aber nun seid
ihr mit uns zusammen und das Regiment
wird von uns geführt!

Was sich für euch wie eine Reise ins
Unbekannte anfühlt, ist bei uns Frauen die
Obstabteilung! Jedes Obst hat seine eigene
Farbe, Geschmack, Geruch, Form und
Festigkeit! Wobei es hier nicht immer auf die
Größe ankommt! Denn kleine rote
Chilischoten haben mehr Feuer und pepp
dahinter als lange grüne Salatgurken! Salat
ist meist grün und hat ein leicht gelbstichiges
Herz, wenn es gelb - bräunliche Blätter sind,
ist er nicht gut gegrillt, sondern faul! Äpfel

47

wachsen nicht in ungeschälten Schnittchen, wie bei Mutter auf dem Esstisch, sondern als ganze Frucht mit Schale und Kerngehäuse! Auberginen sind lila-schwarz und Zucchini sind grün! Kartoffeln stellen auch eine Herausforderung da! Von den meisten Männern werden sie nicht gerne gegessen, wobei die Allermeisten gerne Pommes frites und auch Klöße mögen! Das war mal das Gröbste! Für Feinheiten ist dieses Buch nicht gemacht, aber es gibt auch dafür Geschäfte!

Des Weiteren ist es für viele Männer eine unverständliche Angelegenheit, erst die benötigten Sachen aus den Regalen in den Einkaufswagen zu räumen, später sie auf das Band zu legen, dann wieder flott in den Einkaufswagen, von dort ins Auto und danach wieder ins Regal der Vorratskammer! Ja, es ist lästig, aber nötig! Außerdem nennt ihr euch doch Erfinder! Erfindet doch mal eine schnellere Möglichkeit. Tipp: Nein, die Freundin oder die Mutter zu schicken, ist keine Erfindung!

Kleidungsstücke müssen hin und wieder ausgetauscht werden oder den Anlässen angepasst werden!
So ist es ein Unding, dass man mit Hawaiihemd auf eine Hochzeit möchte. Auch

der ausrangierte Trainingsanzug ist nicht trendy genug, um damit zum Arzt, auf das Amt oder zu den Schwiegereltern zu fahren! Uns Frauen ist Aussehen sehr wichtig! Nicht nur das Eigene, sondern das des Partners auch!

Ja, ich gebe zu, wir übertreiben es gerne öfter einmal, aber lieber overdressed, als underdressed!

Natürlich zählt eure Meinung auch zu bestimmten Kleidungsstücken! Aber oft denken wir Frauen, dass ihr nur aus Zeitmangel oder auch um Streit aus dem Weg zu gehen, nicht ganz die Wahrheit sagt. Dass Dinge beschönigt werden, die unsere beste Freundin, als äußerst unpassend oder gar untragbar definieren würde!

Ihr dient also nicht nur zum Tütentragen, sondern ihr sollt uns tatsächlich eure ehrliche Meinung sagen!

Kapitel 10

So wie wir Frauen das mit Kleidung und Accessoires handhaben, so habt ihr es doch mit euren Lieblingsspielzeugen!
Autos und Motorräder!

Ein sehr heikles Thema! Da es sich ja hierbei um eure Heiligtümer handelt!
Was uns nur als Fortbewegungsmittel dient und auch selten als mehr angesehen wird, ist bei euch oft die zweite Frau! (Manchmal auch die Einzige.)
Eben ein typisches Statussymbol! Große, teure Autos stehen für den starken, dominanten Partner, der weiß, wie toll er ist.
Kleinere und günstigere Autos stellen den Mittelklassemann da, der hin und wieder gerne auch mal uns fahren lassen möchte.
Und die Rostlaube, naja er stellt in der Männerwelt den Loser da.
Aber ist das wirklich so? Sind Männer so primitiv? Denken Männer wirklich, dass wir Frauen genauso primitiv denken?
Was nutzt uns das tollste, teuerste und exklusivste Auto, wenn unser Impuls bei seinem Anblick Übelkeit ist? Wenn er ein

Möchtegern-Macho ist, mit aalglatter Ausstrahlung?
Mädels würdet ihr in so ein Auto einsteigen und mit dem Kerl wegfahren, nur weil sein Auto schick ist und einen gewissen Status/Vermögen symbolisiert?
Nein, beim besten Willen nicht!
Gerne schauen wir uns Autos an und ja, auch auf uns haben verschiedene Marken eine gewisse Wirkung!
Aber wir wollen nicht viel... wir wollen alles!!
Es muss eine Symbiose bilden, das Gesamtbild muss einfach passen!
Vielleicht ist es auch nur ein Egopusher ...

Der Blick in unser Badezimmer lässt euch schon den Kopf schütteln?! So geht es uns beim Blick in die Garage und den Keller!
Für jedes einzelne Teil (verzeiht das subtile Wort, ich bin ein weiblicher Laie) im Auto habt ihr ein geeignetes Politurmittel, Reinigungsmittel, bestimmte Tücher und Schwämme!
Ihr wisst genau, wo jedes Teil sitzt, wie es funktionieren soll und gewartet oder gar repariert wird! Welches Werkzeug ihr dafür benutzen müsst.
Manche von euch hören schon am Geräusch des Motors, ob es repariert werden muss und wo und um welches Modell es sich dabei

handelt!

Aber mit der Reinigung des Badzimmers seid ihr überfordert?!

Hier stoßen wir Frauen tatsächlich an unsere Grenzen (klar, nicht alle)!

Das Auto und Motorrad wird gepflegt, liebkost, es bekommt einen immensen Zeitfaktor gewidmet und das mit einer Freude und Leidenschaft, von der wir Frauen oft nur träumen!

Auch hierfür gibt es wieder einmal Beweise!

Kaffee trinken bei euern Schwiegereltern steht an - wo finden wir euch?

In der Garage, ölverschmiert, offene Motorhaube, total vertiefter Blick und in Gedanken nicht anwesend!

Aber an den Ausflug mit den Motorrädern am Wochenende brauchen wir euch nicht erinnern, höchstens daran, auf uns zu warten und uns mitzunehmen!

Eure Gefühle von Freiheit, Macht, Kraft und Unabhängigkeit sind für uns fremd und auch manchmal beängstigend!

Während wir die Sicherheit, Geborgenheit und Stabilität suchen, braucht ihr das Leben eines freien Cowboys!

Es muss wohl doch mehr an dem Mythos der alten Cowboyfilme dran sein, als wir bisher immer dachten!

Der einsame Cowboy reitet pfeifend mit seinem Pferd in den Sonnenuntergang!

Der Duft der Freiheit, campieren unterm Sternenhimmel, über dem Lagerfeuer das erlegte Tier grillen, so viel Trinken und rauchen, wie man(n) will!

Die Frauen aus dem Saloon verfallen einem reihenweise, für die ganze Stadt ist man der Held, der den Bösewicht in die Flucht schlägt!

So muss es wohl ein weiterer Urinstinkt von euch Männern sein!

Aber in der heutigen Zeit werden meist keine Helden mehr gebraucht, die den Bösewicht vertreiben. Heute brauchen wir die Helden, die uns den Kühlschrank reparieren, die die Stärke haben unsere Lasten zu tragen. Den Mann, der die starke Schulter bietet, der seine Schwächen kennt und auch mal zeigt. Der dennoch die Ausstrahlung besitzt, ein wahrer Held zu sein!

Zu diesem schweren Thema kann man nicht viel schreiben, wenn man zum Laien-Geschlecht gehört!

Ihr Männer wüsstet sicherlich vieles mehr und hättet wahrscheinlich auch die passenden Antworten zu den Fragen nach

Freiheit, Unabhängigkeit und die tief gehende Zuneigung zu euern Autos und Motorrädern parat!

Kapitel 11

Urinstinkte!
Das ist die häufigste Begründung von
Männern, wenn sie sich mal wieder daneben
benehmen!
Und hierfür gibt es jede Menge Klischees,
die die Männer auch gerne leben!

Beispiele:

Er rülpst lauthals und es stört ihn nicht.

-Früher wurde ich dafür gelobt (klar, als
Baby)
 oder in anderen Ländern ist das ein Zeichen
von Respekt und Anerkennung für gutes
Essen.

Er starrt ungeniert in den Ausschnitt.

-Man sollte sich immer erst anschauen,
bevor man es sich nimmt.

Er mustert und bewertet die Frauen mit
seinen Freunden

♂ Klar, das beste Weibchen für den tollsten Hengst.

Er hinterlässt eine Spur der Verwüstung in der Wohnung.

♂ Männer sind nicht zum Aufräumen da, wir sind Jäger.

Er betrinkt sich maßlos.

♂ Bevor es verdirbt.

Er fordert (wünscht) viel Sex

♂ Diente schon immer der Fortpflanzung (klar, um die Verhütung kümmert sich ja die Frau.)

Jedoch, wenn man die Begründungen so nicht hinnehmen will und der fadenscheinigen Ausreden (rülpst - Schatz das ist Körperbeherrschung, jeder andere hätte gebrochen) leid ist, haben sie nur noch eine Begründung! URINSTINKT! Das war schon immer so, das wird sich auch nicht ändern!

Männer vergisst ihr da nicht auch was Relevantes?!
Früher hieß es immer, Männer waren die Jäger und Frauen die Sammler!
Würde das dann nicht sehr an eurem Ego kratzen, wenn wir unserem Urinstinkt folgen würden? Wenn wir nicht nur Früchte und Holz sammeln würden, sondern auch Männer?
Teilen ist doch nicht wirklich eine Stärke von euch!??!?

Urinstinkt soll auch die mangelnde Hygiene sein! Bedenkt bitte hierbei, es war damals auch ein Schutzinstinkt von Frauen, sich nicht zu rasieren oder sich nur mit Schlamm einzureiben, wegen der Fliegen!

Sex diente damals zu Urzeiten auch tatsächlich nur der Fortpflanzung, der Sex zwischendurch, den gab es nicht! Frauen suchten sich zu dieser Zeit auch immer nur den stärksten Mann aus, den, der die meisten Tiere erlegte und für reichlich Beute sorgte! Nur er war ihr würdig, für Nachkommen zu sorgen.

Die Jagd zur Urzeit war harte Arbeit, liebe Männer! Würden wir euch heute auf die Jagd schicken, wer würde tatsächlich Bambi töten,

geschweige denn, nicht umfallen beim Anblick von Blut?
Ich weiß, jetzt kommt der große Protest!
Aber die Wenigen, die es können, sind Jäger oder Arzt von Beruf und nicht KFZ-Mechaniker! (Oder einen anderen heutigen Beruf.)

Da es selbst für uns Frauen eine unangenehme Vorstellung ist, unseren Urinstinkt zu leben, solltet Ihr Männer es euch doch auch lieber verkneifen!

Kapitel 12

Lügen!
Bei diesem Thema sind wir Frauen uns einig,
das können Männer nicht!

Aber, liebe Frauen, können wir uns da sicher
sein? Warum fallen wir auf die schlechten
Lügen der Männer immer herein?
♂ Schatz ich musste länger arbeiten.
♂ Ich schwitze beim Joggen halt nicht.
♂ Bin mit meinen Kollegen, noch was
trinken.
♂ Ich liebe nur dich.
♂ Ich mag deine Mutter.
♂ Ja ich möchte heiraten und Kinder
(freiwillig?).
♂ Nein, es stört mich nicht, wenn deine
Freundin bei uns schläft.
♂ Klar mache ich den Toilettendeckel hoch.
♂ Sicher setzte ich mich auch hin beim
Pinkeln.
♂ Es waren doch nur zwei Bier (das Erste
und das Letzte gezählt).
♂ Nein, du kannst mich so oft anrufen, wie
du magst, ich freu mich immer drüber.

Männer lügen doch offensichtlich ständig und in jeder Lebenslage! Aber warum?

Warum haben Männer offenbar stets ein schlechtes Gewissen, wenn wir etwas nachfragen?

Warum lügen sie uns was Neues vor, wenn sie mit der ersten Lüge schon nicht durchkamen?

Ist es angst? Ist es Selbstzweifel? Ist es das schlechte Gewissen?

Das könnten eigentlich nur die Männer beantworten, aber wäre diese Antwort dann auch ehrlich? Könnten wir darauf vertrauen?

Aber zu einer Lüge gehören immer zwei! Einer, der sie erzählt und einer, der sie glaubt!

Also ist es doch eigentlich nicht so relevant, warum Männer augenscheinlich lügen. Relevanter ist doch eher, die Lösung zu finden, warum wir Frauen es ständig glauben!

Ich stelle jetzt einfach mal die These auf, dass bereits JEDE Frau schon einmal belogen wurde! Jede kennt den Schmerz, der die Lüge mit sich bringt. Fast jede hat eine Freundin, deren Partner die größte

Niete war, und hat miterlebt, wie sich das Leben der Freundin verändert hat.
Eigentlich müsste jede Frau davor gewarnt sein.
Aber dennoch glauben wir dieser einfachen Lüge:
♂ Schatz ich muss mal wieder länger arbeiten. Ich habe heute Abend noch ein Meeting!

Warum hören wir nicht auf unseren weiblichen Instinkt, auf unser Bauchgefühl.
Er geht fremd!
Warum müssen wir es erst mit den eigenen Augen sehen? Müssen wir den Schmerz immer noch in die Länge ziehen?

Auf alle diese Fragen gibt es keine richtige Antwort!
Denn wenn jetzt auch jeder sagen würde ...
- Nein. Mir passiert so etwas nicht!
... so lautet doch die Antwort ... doch es wird passieren, denn wirklich gefeit davor ist keiner!

Jeder ist seines Glückes Schmied!

Kapitel 13

Auf Regen folgt der Sonnenschein!
Nach jeder Meinungsverschiedenheit oder
auch auf schlimmen Streit gibt es meist die
Versöhnung! Und die ist bekanntlich doch
das Schönste am Streit!

In der Regel fangen Streitereien oft sehr
banal an! Es reicht ein Blick oder ein
falsches Wort und schon ist der Anfang
gemacht.
Genau wie wir Frauen können auch Männer
sich in Banalitäten rein steigern und sich
mitreisen lassen!
Klar, wir Frauen haben da den längeren
Atem. Wir spielen gerne mit dem Feuer und
auch, wenn wir uns wieder mal verbrennen
sollten, so sind wir uns dennoch sicher
- Wir hatten recht!

Beim Fernsehprogramm bekommen Paare
sehr häufig Streit!
Denn schließlich könnten wir nicht
unterschiedlicher sein und so ist es leider
vorprogrammiert!

Er will Fußball schauen, wir lieber Sex and the City!

Einfacher könnte es sein, wenn nun zwei Fernsehapparate vorhanden sind. Aber auch hier ist es heikel. Im Wohnzimmer steht der große Fernseher und im Schlafzimmer nur der Kleine!
Natürlich möchte er, dass wir uns mit dem kleineren begnügen. Fußball kann man nur auf dem Großen sehen, denn da ist die Auflösung besser. Wir sollen uns die Augen kaputtmachen am kleineren Fernseher mit der schlechten Auflösung?!
Soweit hat er nicht gedacht! Sein Gedanke galt lediglich dem kleinen Runden, das ins Eckige muss!

Jede Ausrede, die jetzt von ihm kommt, bringt uns in Rage! Wir sehen die Verletzung in seinen Sätzen und dass er billigend in Kauf nehmen würde, unsere Augen zu schädigen! Ja, wir übertreiben da jetzt mit Sicherheit ein kleinwenig, denn schließlich wollten wir auch dasselbe von ihm!
Aber das spielt in diesem Moment für uns keine Rolle! Hier geht es um das Prinzip!

Wir wollen jetzt erst recht den großen Fernseher für uns beanspruchen, auch wenn wir wenige Minuten davor noch einverstanden gewesen wären.

Hierbei nehmen wir keine Rücksicht auf Verluste und bringen nun auch uralte Vergehen auf den Tisch, die schon Jahre zurückliegen!
Ja, in dieser Hinsicht könnte man uns mit Elefanten vergleichen, wir merken uns alles und verzeihen nicht jedes Vergehen!
Rache ist süß!
Oft kommt jetzt schon von euch das gönnerhafte Angebot, uns das Wohnzimmer zu überlassen! Aber sorry Jungs, Mitleid wollen wir auch nicht haben! (Ja, auch das "gut gemeinte" können wir falsch verstehen, auch mit Absicht.)

Jetzt ist uns jedes Mittel recht, um aus unserer Sicht euch von euerm Fehler und dem vorhanden sein eines Prinzips zu überzeugen!
Auch, wenn wir die Männer verstehen könnten, die uns jetzt stehen lassen würden, so würden sie uns nicht davon kommen!

Haben wir uns an einem Thema erst mal festgebissen, so sind wir wie kleine Pit Bulls, die sich verbissen haben!
Selbst, wenn wir jetzt erkennen, wie unnötig

das Ganze ist und dass wir schon lange kein Recht mehr haben, so werden wir weiterhin drauf pochen!

Männer haben es auch nicht leicht mit uns! Was sollen die Herren des starken Geschlechtes nur mit uns machen in solch einer Situation?

Das können wir, wenn wir mal ganz ehrlich sind, auch nicht erklären!

Denn, um es erklären zu können, müssen wir direkt in der Situation sein. Außerdem spielen da noch ganz viele andere Komponenten eine sehr wichtige Rolle!

Haben wir unsere Periode oder nicht, ist das Wetter kühl oder heiß, hatten wir Stress auf der Arbeit oder sind wir nicht ausgelastet genug, haben wir mit unserer Mutter oder besten Freundin telefoniert und so weiter!

Aber eins, liebe Männer, könnt ihr uns glauben, wenn wir dann endlich über unseren Schatten gesprungen sind, ist die Entschuldigung, die von uns kommt, ernst gemeint!

Kapitel 14

„Gefühle", also Emotionen werden auf sehr
verschiedene Weise gezeigt, empfunden und
wiedergegeben!
Missverständnisse sind da bereits schon
vorprogrammiert!

Wenn Tränen bei uns fließen, bekommen
Männer gerne den Impuls Reißaus
zunehmen.
Denn, wie sollte er jetzt mit uns umgehen
können, ohne etwas Falsches zu sagen oder
falsch zu reagieren?

Ein Beispiel hierfür finden wir bei einem
Fernsehabend zu zweit.
Es läuft ein Film, wir sitzen nebeneinander
auf der Couch. Da die meisten Filme oft
einen romantischen Teil haben, laufen uns
spontan auch mal die Tränen über die
Wangen!
♂ Oh Mann, was gibt es denn jetzt wieder zu
weinen?

Schon bei dieser Reaktion von euch könnten
wir weglaufen! Denn eigentlich finden wir es

nicht schlimm, bei verschiedenen Anlässen oder Momenten auch mal zu weinen.

Aber hier wird es uns unangenehm, da eure Reaktion nur Verständnislosigkeit beinhaltet.

Gewiss, wir erklären euch auch gerne ganz genau, was wir gerade empfunden haben und warum uns diese Szene so emotional berührt hat, dass dann Tränen flossen. Aber wollt ihr das wirklich wissen?

Wahrscheinlich eher nicht, deswegen wäre es hier auch einfach besser gewesen, die Klappe zu halten und uns einfach in den Arm zu nehmen!

Denn, euer Verständnis endet schnell für den Helden der Geschichte, der sich zu überschwänglichen Gefühlen hinreißen lässt und der Frau seiner Träume hinterherrennt.

Aber, wenn man euch genauer beobachtet, fällt uns Frauen da doch einiges auf! So hart und oberflächlich, wie ihr gerne euch zeigt, seid ihr nicht!

Wenn ihr euch unbeobachtet fühlt, zeigt ihr jede Menge Emotionen und hin und wieder sieht man auch hier und da mal Tränen fließen! Selbstredend werden diese schnell von euch so unauffällig wie möglich weggewischt.

Gesehen haben wir sie dennoch! Leider

können wir es auch selten nur genießen, es zu wissen. Unser Mitteilungsbedürfnis ist einfach zu groß.

Warum wir nicht damit hinterm Berg halten, euch gesehen zu haben, ist einfach!

Da wir es so selten sehen und von euch oft wegen unserer Gefühlsausbrüche belächelt werden, müssen wir da schnell nachhaken.

Was geht euch durch den Kopf?

Was hat euch da ergriffen?

Ist es noch etwas anderes?

Ist mit euch alles in Ordnung?

Können wir euch trösten oder gar helfen?

Alles auf einmal scheint uns in wenigen Sekunden aus dem Munde geschossen zu kommen. Gut, zugegeben, etwas viel auf einmal! Schlimm genug für euch, dass wir es mitbekommen haben und euch jetzt noch nicht mal eine Fluchtmöglichkeit lassen!

Aber wir müssen es wissen!

Denn schließlich ist es doch so selten!

Die kurze und knappe Antwort …

♂ Nichts, Schatz! Alles gut.

Oder

♂ Habe nur was im Auge!

… reicht uns überhaupt nicht. Wir sorgen uns um euch!

Da ihr meist abblockt, werden unsere Fragen immer anstrengender für euch!
Und eigentlich solltet ihr uns doch besser kennen, um zu wissen, dass unsere Hartnäckigkeit kaum Grenzen kennt!

Bekommen wir keine zufriedenstellenden Antworten, reimen wir uns eigene zusammen!
Und so, liebe Männer, kann es frappierend schlechte Ergebnisse hervorrufen!

Also rückt einfach mit der Wahrheit heraus, so schlimm kann es nicht sein!

Kleine Sticheleien sind doch leicht wegzustecken.
Besser ist es allemal, denn ohne eure Antwort kommt unsere „Wahrheit" auf den Tisch!
Die kann reichen von …
♀ Du liebst mich nicht mehr, weil du mir nie etwas erzählst!
…bis hin zu …
♀ Du hast eine Andere!

Viele Männer meinen an dieser Stelle, dass Frauen einen extremen Kontrollzwang hätten!

Aber das stimmt nicht!!!
Wir haben keinen Kontrollzwang, wir sind nur
sehr informativ und wissbegierig!

Kapitel 15

Vertrauen ist gut, Kontrolle ist besser!
Scheint ein weitverbreitetes Motto in der
Männerwelt zu sein!

Auch hierfür habe ich ein paar Beispiele
parat!

Männer sind sehr neugierig!
Manche zeigen es offen, andere versuchen
es, zu verbergen!

♂ Warum hat sie ständig eine Handtasche
dabei und was ist darin?

Tja, das ist unsere Privatsphäre! Aber einen
kleinen Einblick möchte ich euch geben!
In unseren Handtaschen ist immer das
dabei, was wir meinen, am Nötigsten zu
brauchen.
Die Grundausstattung ist meist die …
Lippenpflegestifte, Taschentücher, Zigaretten
(bei Raucherinnen), Tampons,
Desinfektionstücher, Schlüsselbund
… es steigert sich dann, je nach Anlass oder
auch, ob es eine Mutter, Singledame oder

Partnerin ist!

Die Mutter hat meist noch zusätzlich ein paar Windeln, Feuchttücher und kleinere Spielsachen sowie Ersatzschnuller und Lätzchen sowie kleinere Vorräte an Verköstigungen dabei.

Die Singledame ist oft mit der Grundausstattung zufrieden, hat vielleicht je nach Wesensart noch ein paar kleinere Extras dabei.

Die Partnerin hat da noch, zu der Grundausstattung, den Schlüssel ihres Partners einstecken und seine weiteren Sachen, die sonst in seiner Hosentasche zu finden sind.

Ihr Handy!

♂ Welche Nummern hat sie gespeichert?
  Wen hat sie zuletzt angerufen oder angesimst?
  Ist die Nummer von ihrem Exfreund darin?

Auch hier ist es nicht ratsam, sich dabei erwischen zu lassen, wie ihr unsere Handys durchstöbert!

Glaubt ihr echt, wir würden die Nummer von eurem Nebenbuhler in der Liste lassen, damit ihr sie findet?

Die Nummer des Exfreundes kann in der Liste stehen, aber meist wissen wir die

Nummer doch auswendig! Es nutzt euch also wenig, diese heimlich zu löschen!

Genauso handhabt es sich mit der Post. Glaubt ihr allen Ernstes, wir würden Liebesbriefe offen liegen lassen?
Meist schütteln wir nur den Kopf darüber, wenn ihr unsere Post durchseht! Was ist an Rechnungen oder Werbebriefen denn so verdächtig?
Und bitte kommt jetzt nicht damit, wenn der Postmann dreimal klingelt!!
Das sind Klischees, die sich nicht bewahrheiten lassen!

Wie auch schon berühmte Comedians sich darüber lustig gemacht haben, von wegen wir Frauen rufen euch so oft an, dass wir selbst nicht mehr wüssten, warum! Getreu dem Motto „Wollte nur mal kurz hören …".
So ergeht es uns auch!
Kleine Liebesoffenbarungen sind wunderschön und wir genießen diese sehr!
Aber, wenn ständig das Handy klingelt oder eine SMS nach der anderen ankommt, sind wir genervt!
Denn oft kommt da ja noch eure Ungeduld mit!
♂ Warum antwortest du mir nicht gleich? Ich habe schon vier SMS geschickt!

73

Ja, und wir haben auch alle gelesen und uns ist auch aufgefallen, wie sich euer Ton verändert hat!

♀ Weil ich arbeiten muss! Ich kann nicht ständig auf mein Handy schauen!

Genauso ist es schrecklich peinlich, wenn wir direkt auf der Arbeitsstelle andauernd angerufen werden!

Viel schlimmer ist es, wenn ihr ohne offensichtlichen Grund uns täglich von der Arbeit abholt! Als ob wir zu doof wären, den Heimweg alleine zu finden!

Ganz schlimm scheint es für viele von euch zu sein, uns einfach zu glauben, wenn wir euch schon darüber informieren, dass wir mit Kolleginnen am Abend noch weggehen! Schließt doch nicht von euch auf andere!

Auch wenn wir mal einen Mädelabend planen, scheinen bei euch die Alarmglocken zu klingeln.

♂ Warum trifft sie sich nur mit den Mädels? Warum kann ich nicht mit?

Warum gehen Frauen immer zu zweit auf die Toilette?

Wen wird sie wirklich treffen?

Mit wem flirten und wem nachschauen?

Wenn wir wirklich mal ohne euch ausgehen, dann ist es so, wie wir es euch zuvor und auch im anschließenden Verhör zu Hause gesagt haben!

Wir sind mit anderen Frauen unterwegs, es wird viel erzählt und gelacht oder auch geweint. Die Männer um uns herum werden nur selten wahrgenommen oder auch nur eines kurzen Blickes gewürdigt!

Wir scannen nicht bei jeder sich bietenden Gelegenheit die Männer ab.

Wenn wir uns für einen Partner entschieden haben, dann wollen wir auch nur den Einen! Auch wenn es mal einen kleinen Flirt mit dem Kellner oder sonst einen Mann gegeben hätte, dann wäre dieser einfach nur belanglos und ist schnell vergessen!

Nur Frauen, die in ihrer Partnerschaft sehr unzufrieden sind, nutzten solche Gelegenheiten!

Also ist nicht die Frage, was sie machen könnte, wenn sie weggeht, sondern eher, warum könnte sie es machen? Hat sie einen Grund dafür? Achte ich nicht genau auf sie? Respektiere ich sie nicht genug?

Solltet ihr eine Frage davon mit „Ja" beantworten können, dann solltet ihr euch Gedanken machen!

Und ganz nebenbei erwähnt, euer Freund,

der regelmäßig einen trinkt und dann jede Menge Frauen abschleppt, ist nicht der richtige Gesprächspartner für Beziehungsprobleme!

Versucht lieber, euch mit uns auseinanderzusetzen und hört auf euer Bauchgefühl!

Und das Allerwichtigste ist:

Hört uns zu!

Kapitel 16

Gewohnheiten sind das unerträglichste Thema!
Denn sie können auch schon ein Liebesaus ankündigen.

Nach der Arbeit kommt ihr nach Hause, Taschen, Jacken werden unachtsam in die Ecke geworfen. Bei jedem weiteren Schritt lasst ihr Schuhe, Socken, Hemd und Hose fallen! Dann ein Feierabendbier aus dem Kühlschrank. Wenn nicht die Tischkante zum Öffnen der Flasche genutzt wird, dann liegt da ein Flaschenöffner auf der Tischplatte oder ein Messer. Solltet ihr so großen Hunger haben, dass ihr nicht warten könnt, bis wir zu Hause sind, dann wird sich ein Brot geschmiert. Das heißt, auf der Tischplatte sind dann die Krümel, das restliche Brot, ein weiteres Messer, die Butter und die offene Wurstdose!
Ohne einen Teller oder Untersetzer für die Flasche mitzunehmen, wird durch die halbe Wohnung gewandert. Im Wohnzimmer wird der Fernseher angeschaltet, und da ihr noch duschen wollt, wird dieser auf volle

Lautstärke gedreht!
Nach der Dusche wird das nasse Handtuch vielleicht noch in den Wäschekorb geworfen, doch meist findet es seinen Platz auf dem Fußboden! Auch das Fenster wird nicht geöffnet!
Während ihr vor dem Fernseher auf unsere Rückkehr wartet, haben wir die Hoffnung heute mal überrascht, zu werden. Bitte, lass es heute mal nicht so chaotisch aussehen!

Enttäuschung? Wut? Verständnislosigkeit?
Am Anfang ja sollte diese Beziehung darüber hinausgehen, dann ist es Gewohnheit, dass nun die Arbeit weiter geht!

Wir können nicht entspannen, wenn wir überall, wo wir hinschauen, irgendetwas liegen sehen!
Also sammeln wir eure Sachen auf, beseitigen das Chaos in der Küche, stellen eure Flasche auf einen Untersetzer und stellen im Bad wieder Ordnung her.
Dann erst können wir mal daran denken, was wir zum Essen kochen, dazwischen schnell duschen, und was noch alles für den Abend ansteht!

Auch, wenn ihr uns mal überrascht und ihr Mal den Wischmob schwingt, ist es sehr selten zufriedenstellend!

Denn es sollte nicht nur da geputzt werden, wo der Papst zu Fuß hingehen kann. Eine Wohnung hat auch Ecken, der Staub fällt auch unter ein Sofa, die Waschmaschine muss nach Beendigung des Programms auch ausgeräumt werden, getrocknete Wäsche sollte gebügelt in den Schrank und auch ein Staubsaugerbeutel kann voll werden, also austauschen!

Hat ein Mann das alles wirklich mal gemacht, so steht er gleich nach dem Öffnen der Wohnungstür uns gegenüber und strahlt uns an.

Er nimmt uns bei der Hand und zerrt uns von Zimmer zu Zimmer. Er demonstriert uns voller Stolz, wie er alles gereinigt hat, wie hart die Arbeit war und wir lange er dafür gebraucht hat! Wenn er uns alles gezeigt hat, erwartet er ein großes, überschwängliches Lob von uns!

Meist sparen wir es uns, ihm zu sagen, wo noch Mängel bestehen und auch, dass wir es schon lange wussten, wie anstrengend es ist!

Meist, wie gesagt!

Doch nicht immer! Oft kommt es eher vor, dass wir ihn in solchen Momenten anfunkeln und unserem unterdrückten und schon fast vergessenen Zorn Luft machen!

So ist es auch mit Standardkosenamen und auch mit der immer gleichen Prozedur, wie ihr euren Umgang mit uns pflegt!

Wir Frauen machen uns ständig Gedanken darüber, was wir noch verbessern oder ändern könnten. Wie wir die Beziehung in Schwung bringen oder wieder aufpeppen können.
Wenn solche Versuche scheitern und auch schon weitere Ideen keine Anerkennung oder Erfolg bringen, kommt zur Gewohnheit noch Frust und das Beziehungsende rückt immer näher!

Kapitel 17

Lücken des männlichen Gehirns!

Die habt ihr nicht? Nein?
Hand aufs Herz! Beantwortet mal ganz
schnell diese Fragen, ohne nachzuschauen
oder Hilfe suchend in das Gesicht eurer
Partnerin zu schauen!
Wann hat eure Partnerin Geburtstag?
Wann eure Mutter?
Wann seid ihr mit eurer Partnerin
zusammengekommen?
Welche Augenfarbe hat eure Freundin?
Wann das erste Mal geküsst?
Wann wurde der Mietvertrag für die erste
gemeinsame Wohnung unterschrieben?
Was gab es gestern Abend zum Essen?
Welche Kleidung hatte eure Freundin heute
Morgen an, als sie zur Arbeit ging?

All diese Fragen könnte eine Frau sofort
beantworten!
Männer müssen sehr lange überlegen oder
wissen gar keine Antwort darauf!

Aufregen?!

Lohnt sich hier nicht, denn er macht es nicht mit Absicht!
Sein Gehirn ist darauf nicht programmiert!

Aber Fragen sie ihren Mann mal nach den letzten Fußballergebnissen!
Wer wurde 1956 Meister?
Wer machte das entscheidende Tor?
Wie heißen alle Mannschaften der ersten beiden Ligen und wie die dazugehörigen Spieler?
Bei welchem Verein spielten sie davor?
Welche Vereinswechsel stehen an?

Das kann er ihnen ganz genau erklären und darüber braucht er sich auch kaum Gedanken machen!

Auto, Motorrad, Spielekonsolen, seine Tätigkeit im Beruf, die Oberweite der Kollegin, dass alles ist schnell abrufbar!
Denn Männer merken sich nur Dinge, die sie tatsächlich interessieren!

Nein, es muss jetzt nicht schlussendlich heißen, dass er sich nicht für uns interessiert, nur weil er unseren Geburtstag vergessen hat! Das ist einfach nicht wichtig genug für ihn.
Hier ist für ihn nur wichtig, wir sind

zusammen! (Oder Sie ist da!)
Es ist nicht wichtig, dass wir älter werden!
Denn das würde ja bedeuten, dass er sich
auch daran erinnert, dass auch er nicht
jünger wird!

Es ist für ihn auch nicht wichtig, dass wir am
Samstag zu den Eltern zum Kaffee trinken
gehen wollen. Es ist wichtig, dass wir
rechtzeitig wieder zurück sind, um die
Sportschau zu sehen!

Unsere Kleidung ist ihm nicht wichtig, es ist
doch viel wichtiger zu wissen, dass wir sie
schnell ausziehen können!
Er sieht nicht, ob wir beim Friseur waren,
neue Schuhe gekauft haben oder die neue
Bekleidung tüten weise heimgetragen wird!
Wichtig ist nur, dass das Ergebnis stimmt!

Jeden Sonntag die Oma anzurufen ist für ihn
auch nicht wichtig! Wichtig ist doch nur zu
wissen, dass es ihr gut geht! (Wenn nicht,
meldet sie sich schon).

Katzenklo reinigen? Katze füttern? Haben wir
eine Katze? Auch nicht wichtig, er ist ja
versorgt!

So vieles könnte man hier noch

aufschreiben, was ein Mann nicht für lebenswichtig hält und daher gerne auch mal vergisst. Den Rahmen des Buches würde es allerdings sprengen.

Nur wichtige Dinge werden sich gemerkt und auch pünktlich abgerufen!

Sollten wir uns nun mehr freuen, wenn er uns in den Arm nimmt?
Wenn er uns eine SMS schickt?
Wenn er uns die selbst gepflückten Blumen schenkt?
Wenn er sich daran erinnert, dass ein Telefonanruf für uns angekommen war?

Ob wir uns damit zufriedengeben können oder nicht, ist nicht so wichtig, wie die Erkenntnis, dass es wichtig genug für ihn war, es sich zu merken!

Wir können es nicht immer nachvollziehen, aber so ist es nun einmal!
Wichtiges merken, abspeichern und bei Bedarf abrufen!

Wir Frauen machen uns da weitaus mehr Gedanken! Daher sind auch einige unserer Gedanken unnötig! Aber auch darüber können wir uns Gedanken machen! Während

ein Mann sich sofort mit der Erkenntnis
„unnötiger Gedanke" zufriedengeben würde
und abschweift zum Nächsten, machen wir
uns erst mal darüber genauste Gedanken,
ob es auch so war!

Es gibt jede Menge Karikaturen, Sprüche
oder auch Beweisfotos dafür, welche für
Männer wichtig sind und welche nicht!
Was uns im ersten Moment noch belustigt,
ist, wenn man genauer darüber nachdenkt,
zutreffend und wahrheitsgemäß!

Männer schreien wahrscheinlich jetzt …
„ Alles nicht wahr! Alles nur ein Gerücht!"

… an jedem Gerücht ist ein Funke Wahrheit!

Kapitel 18

Männliches Macho-Gehabe!
Warum müssen Männer sich ständig
messen?
Was haben sie davon?
Ist es wirklich ein Machtgefühl?
Wird die Hierarchie der Männer wirklich
durch so banale Dinge wie Autos, Handys
oder den Beruf hergestellt?

Bei fast allen Dingen möchten Männer den
Größten, Schnellsten und Besten haben!
Außer bei Handys, da möchte jeder das
kleinste, schnellste und leistungsfähigste
Handy haben!

Männer tauchen bei solchen
Vergleichsspielchen in ihrer Welt ab!
Baumarkt, elektronische Fachgeschäfte und
Autohäuser!
In diesen Welten kennen sie sich aus, hier
können sie fachsimpeln ohne, dass eine
Frau danebensteht und das Gesicht entnervt
verzieht!
Männer machen doch oft die gleichen Fehler
wie wir!

Warum nehmen wir unseren Partner in ein fremdes Territorium mit?
Männer haben nichts im Schuhgeschäft zu suchen und wir nichts im Baumarkt!

Aber Frauen habt ihr eure Männer schon einmal in ihrem Reich beobachtet?
Es ist herrlich! Besser, als jede Sitcom!

Er möchte ein Gartenhäuschen bauen! Dafür hat er sich erst mal im Internet schlaugemacht und fährt dann in den Baumarkt, mit uns im Schlepptau!
Er steuert fast schon selbstbewusst und zielstrebig die Holzabteilung an!
Dort angekommen mustert er jedes Holz genau und erklärt uns auf unverständliche Weise, was er da macht und wie er vorhat, es zu bearbeiten, auf was er alles Achten muss!
Ein Marktmitarbeiter steuert auf uns zu und bietet seine Hilfe an!
Er ist selbst ein Mann, warum spart er sich nicht die Frage? Klar, er muss fragen und wahrscheinlich hat er auch schon das laienhafte Gehabe erkannt!
Das Gespräch, das nun nur stockend in Gang kommt, ändert schnell seinen Verlauf, wenn sie endlich einen gemeinsamen Nenner gefunden haben!

Wir stehen daneben und versuchen dem Gesprächsverlauf zu folgen, klar, schließlich soll das Häuschen in unseren Garten und wir müssen es täglich sehen!
Aber eigentlich sollten wir uns einfach nur zurücklehnen und die Show genießen!
Haben sich die Männer geeinigt, wird alles Mögliche gekauft, ob es von Nöten ist oder nicht!
Auf dem Weg zum Auto können wir nun hören, wie unser Mann dem Verkäufer alles hätte erst mal erklären müssen, schließlich habe der ja keine Ahnung und es wäre unverständlich, dass er im Baumarkt arbeitet!
Nicht vergessen, wir standen ja daneben und haben zugehört!
Zu Hause angekommen sortiert er ganz grob alle Gegenstände und beginnt auch schon drauf loszuhämmern! Bauanleitung?? Für ihn doch nicht, wie können wir Frauen nur auf solche Belanglosigkeiten kommen?!
Also wirft er die Bauanleitung achtlos weg und werkelt weiter drauf los!
Am Anfang findet er unsere Anwesenheit noch sehr schön, da wir ihn ja nun bewundern können! Ihn in seinem Können bestärken und ihn anhimmeln. Doch nach kurzer Zeit wird er nervös und findet unsere Fragen oder Blicke nur noch kontrollierend!
Also räumen wir das Feld!

Immer wieder huscht er durch die Wohnung und sucht sich noch verschiedene Werkzeuge zusammen.
Jede Hilfe, die wir ihm anbieten, wird mit einem schwermütigen Lächeln abgetan und es folgt ein Kommentar wie,
♂ Schatz, ich kann das doch viel besser wie du, ich bin ein Mann!

Nach etlichen Stunden sehen wir ihn im Garten mit seinem Kumpel telefonieren! Als dieser erscheint, demonstriert er sein Können und lässt sich ein wenig unter die Arme greifen!
Wie heißt es so schön?! Mehrere Köche versalzen die Suppe!

Nach weiteren Stunden schauen wir in den Garten und suchen die Männer!
Aus dem Baumarkt rufen sie an und verlangen, dass wir die Bauanleitung suchen, da dort noch ein wichtiges Detail zu finden wäre! Also lesen wir die Anleitung vor und werden nach kurzer Zeit abgebrochen!

Spät am Nachmittag sehen wir die Beiden im Garten mit der Bauanleitung in der Hand und etappenweise voran arbeiten!

Am späten Abend, unter der schmählichen

Gartenbeleuchtung, stellen sie ihr Werk nun endlich fertig!

Wir dürfen wieder in den Garten und sollen im Halbdunkeln ihr Werk bestaunen und sie loben!

Auch am nächsten Tag lässt er sich feierlich von uns loben und zerrt uns bei jeder Gelegenheit in den Garten!

Jeder, der uns in den nächsten Tagen besuchen kommt, muss sich das Werk anschauen und nun kommt es ganz Dicke!

Wir hören nur noch, wie schnell und einfach ihm alles von der Hand ging!

Kein Wort darüber, wie verzweifelt er war, dass selbst sein Freund ihm nicht wirklich helfen konnte und dass der Herr im Baumarkt doch was von seinem Job versteht!

So ist es auch beim Versuch, sein Auto selbst zu reparieren! Am Ende landet es doch in der Werkstatt. Genau, wie die Hi-Fi-Anlage und andere elektronische Geräte!

Aber fragen wir Frauen unseren Partner, ob er handwerklich begabt ist, kommt immer dieselbe Antwort!

♂ Klar doch! Ich kann alles!

Trifft er sich mit Gleichgesinnten, wird geprahlt und betont, wie einfach doch alles ist und für was braucht es noch Fachleute?!

Aber in jeder Beziehung gibt es einen Moment, wo sich seine Prahlerei schnell einschränkt!
Möbelstücke aus einem schwedischen Kaufhaus!
Denn, auch wenn er sich zuerst noch freudig an die Arbeit macht, wird er auch hier wieder daran verzweifeln. Doch noch viel schlimmer ist es, wenn wir Frauen die besagten Möbelstücke schneller und auch stabiler aufgebaut haben!

Auch, wenn er es vor seinen Freunden nie zugeben würde, so ist es doch ein Triumph für uns Frauen!
Denn wir haben die Bauanleitung gelesen und erfolgreich gesiegt!

Kapitel 19

Die richtige Mischung aus allem!
Das ist die Antwort, die wir Frauen geben,
wenn wir gefragt werden, wie unsere
Traummänner sein sollten!
Ein sehr schwerwiegendes Thema, denn
nicht jede Mischung ist uns recht!
Dafür müssen wir erst mal sehen, welchen
Typ Mann es gibt!

Der Sensible!
Ein Typ, mit dem wir Frauen es sehr schwer
haben! Denn eigentlich wollen wir zwar, dass
er sensibel ist, aber nur? Nein, damit können
wir nichts anfangen! Wenn wir ständig
überlegen müssen, wie wir ihm etwas
beibringen müssen. Mit so einem Mann kann
man auch nicht richtig streiten, denn der
Erste, der in Tränen ausbricht, ist er!
Er hört gerne zu und geht auch jedem
Konflikt aus dem Weg!
Das Zuverlässigste an ihm? Dass er
Verständnis für uns hat, immer!
Er hat sogar Verständnis, wenn wir uns von
ihm trennen! Wer will schon einen einseitigen

Kampf kämpfen? Wir möchten doch, dass um uns gekämpft wird!

Der Romantiker!
Kerzen, Musik, schöne Erlebnisse und auch ausgefallene Orte sind seine Welt!
Er macht sich schon Gedanken über uns und alles, was dazugehört, bevor wir es machen!
Er liebt die Zweisamkeit und freut sich, wenn wir überrascht erfreut sind.
Er plant alles, lässt sich aber auch auf Kompromisse ein und kann auch in einer spontanen Situation romantisch sein!
Das Zuverlässige an ihm? Er sorgt sich um uns.

Der Familiäre!
Familie ist für ihn alles! Ob es nun seine ist oder unsere! Wichtig ist für ihn, dass ständig Kontakt zur Familie gehalten wird und sich große Feste planen lassen. Aus einem Treffen mit den Eltern, wird schnell ein riesen Event, da er auch die restliche Familie einladen wird!
Wichtig ist für ihn, dass schnell geheiratet wird und für Nachwuchs gesorgt wird!
Das Zuverlässigste an ihn? Seine Mutter weiß immer Bescheid!

Der Macher!
Arbeit? Darüber will er nicht viel reden, sondern zupacken! Er braucht es, dass er ständig Beschäftigung hat, Langeweile ist für ihn unerträglich! Er ist durchgeplant und hat kaum freie Zeit zur Verfügung! Er ist hilfsbereit und lässt sich schnell von jedem einspannen!
Das Zuverlässigste an ihm? Was er sagt, hat Hand und Fuß!

Der Pascha!
Er lässt sich bedienen von vorne bis hinten! Er nimmt sich selbst sehr wichtig und braucht jede Art der Bestätigung! Arbeit macht er nur dann, wenn es zu seinem eigenen Nutzen ist und auch hierfür findet er seine Leute!
Das Zuverlässigste an ihm? Die Frau, die ihm hörig ist!

Der Egoist!
Auch nicht besser! Wir sollen ihn bewundern und anhimmeln, auch ohne jeglichen Grund! Er braucht die Anbetung in der Menge, wie auch vor dem Spiegel! Er benötigt sehr viel Zeit für sich und baut seine Freiräume weit

aus!
Das Zuverlässigste an ihm? Er liebt sich!

Der Macho!
Eine würzige Mischung! Er weiß, wie gut er aussieht, und lässt sich gerne umschwärmen!
Er steht gerne ihm Mittelpunkt und braucht eine Partnerin, die sich zurücknimmt und für den Augenschmaus dient!
Wie auch der Egoist braucht er das Bad in der Menge!
Bestätigung für sein Ego holt er sich von seinen Bewunderern und kritische Meinung spielt er gekonnt herunter!
Das Zuverlässigste an ihm? Solange wir gut genug aussehen, ruht sein Arm auf unserer Hüfte!

Der Sportler!
Jede Art der Bewegung ist für ihn ein Muss!
Sollte er sich mal nicht bewegen können, dann schaut er Sport im Fernsehen und ist genauso begeistert davon!
Er lebt für den Sport und ist sehr auf seine Figur bedacht!
Das Zuverlässigste an ihm? Frische Luft garantiert.

Der Couch-Potato!
Er ist gerne faul! Alles strengt ihn nur an und
auch Kontakte pflegt er nur über das Internet
oder Telefon! Er achtet nicht auf seine
Ernährung und auf die Sauberkeit. Wichtiger
ist es, dass er genügend Nahrung und
Filmauswahl hat!
Das Zuverlässigste an ihm? Auch in der
Sofaritze findet man noch was, zu essen!

Der Frauenheld!
Gefährlich! Denn er übertrifft den Macho und
den Egoisten um Welten!
Ihm reicht nicht nur das Bad in der Menge, er
braucht vor allem die sexuelle Bestätigung!
Er will immer der Hahn im Korb sein und
empfindet alle anderen Männer als
Witzfiguren!
Das Zuverlässigste an ihm? Er geht fremd
und leitet unter Bindungsängsten.

Der Karrieretyp!
Non-Plus-Ultra, so nennt er seinen Beruf! Für
seinen Job, der eher eine Berufung zu sein
scheint, geht er über Leichen! Urlaub macht
er nur dann, wenn er es in seinem

Lebenslauf unter erfolgreiche Fortbildung ablegen kann! Ohne seinen Laptop ist er nicht anzutreffen und auch seine Gespräche beruhen nur auf seinem Spezialgebiet!
Geld und Erfolg ist für ihn die Bestätigung und eine ebenwürdige Frau wird es an seiner Seite nicht lange geben!
Das Zuverlässigste an ihm? Er ist nie da!

Der Hausmann!
Ein Typus, der sehr selten ist und doch eine Qual für uns darstellt!
Denn alles, was er leistet, hat mehr Bedeutung für ihn, als wenn es eine Frau machen würde!
Er ist genügsam mit seinem Haushalt und seinen vormittäglichen Treffen mit Gleichgesinnten! Er braucht nur selten Besuch und auch seine Partnerinnenwahl ist eher der hausfrauliche Typ!
Das Zuverlässigste an ihm? Es ist immer sauber!

Dann gibt es noch die **unterschiedlichen Nationalitäten!**
Jede Nation bringt einen anderen Typ Mann hervor! Auch, wenn sie sich nach genauerem Betrachten doch alle sehr ähneln. So kommt bei ihnen noch die Mentalität mit dazu und

die, damit verbundenen Risiken!
Hier gibt es jede Menge Klischees, die den
Rahmen bei Weitem sprengen würden!

Genau aus diesen unterschiedlichen Typen
brauchen wir die richtige Mischung! Dabei
kommt es nicht drauf an, dass alle Anteile zu
gleichen Teilen vorhanden sind! Nein, wir
wollen die spezielle Mischung, die auf
unseren Typ passt!

Es heißt immer, für jeden Topf gibt es einen
Deckel! Auch wenn nun einige Frauen
denken, oh Mist, ich bin ein Wok! Auch
hierfür gibt es den passenden Deckel!

Wir müssen erst viele Frösche küssen, bis
wir unsern Prinzen entdecken!

Aber durch jede Erfahrung, die wir machen,
mit den unterschiedlichsten Arten Mann,
ändern wir unsere Meinung über unseren
Traummann!

Geprägt von allen Einflüssen sind wir immer
auf der Suche nach Mr. Right!

Nach jeder Enttäuschung werden wir mit
dem Satz getröstet, der Richtige kommt
noch!

Wir sollen die Hoffnung nie aufgeben!
Auch dann nicht, wenn es wieder nur ein
Vollpfosten war!

Denn jeder ist für etwas gut, sei es auch nur
als schlechtes Vorbild!

Schlusswort

Der Alltag mit Männern – Glück oder Plage?

Spätestens nach diesem Buch werden wir Frauen uns einig sein.

Plage!

Aber ist es wirklich so schlimm?
Genügt es uns eigentlich nicht, auch die kleinen Aufmerksamkeiten zu genießen?
Reicht uns nicht der kleine Finger, den er uns reicht? Muss es die gesamte Hand sein?
Ja! Es könnte uns reichen, aber wir wollen immer noch ein bisschen mehr!
Wenn wir alles zusammenzählen, all eure Versuche mit dazu zählen und die glücklichen Momente nicht vergessen, dann kommen wir zu dem Schluss …

… Plage, aber eine glückliche Plage!

Natürlich ist es nicht immer nur eure Schuld!
Manche Dinge bekommt ihr schon so vorprogrammiert in die Wiege gelegt.
Manche werden durch die urzeitliche

Weltanschauung geprägt!
(Du bist ein Mann, ein Mann macht das nicht …)
Manche sind schlechte Erfahrungswerte.
Und wieder andere sind einfaches Nichtkönnen oder Unwissen!

Es ist bei euch doch nicht anders!
Ihr habt es ja nicht leichter mit uns! Immer fordern wir euch und ständig wissen wir alles besser!

Nur Übung macht den Meister!

Natürlich würden jetzt die allermeisten Menschen fragen: „Wäre es dann nicht besser, alle würden Singles sein?"
Aber so einfach ist es nicht!

Wir können nicht immer mit dem Anderen, aber auch nicht ohne!

Auch, wenn wir uns darüber ärgern, dass ihr wieder nicht den Untersetzer benutzt, so genießen wir es doch, wenn wir eure ungeteilte Aufmerksamkeit haben!

Ihr verzieht entnervt euer Gesicht, weil wir unserem Ärger Luft über alles Mögliche machen und doch braucht ihr es, dass wir euch bemuttern!

Schlussendlich versuchen wir es ein drittes
Mal, denn alle guten Dinge sind ja
bekanntlich drei!

Alltag mit Männern – Glück oder Plage?

Das beantwortet wohl nun jeder lieber für
sich!

Solange wir unseren Partner, den wir uns
erwählt haben, von Herzen lieben, solange
ist es doch ein kleines Stückchen mehr
Glück!

Bereits erschienen im BoD – Verlag.

Das erste Werk von Stefanie Roos.

Eine kleine reizende Geschichte über ein junges Mädchen und ihrem Traum vom ersten Kuss. Über verwirrende Gefühle und eine lehrreiche, romantische Erzählung der Großmutter.

Hat Ihnen dieses Buch gefallen? Möchten Sie mit mir persönlich in Kontakt treten, um Ihrem Lob oder Ihrer konstruktiven Kritik Gehör zu verschaffen? Dann besuchen Sie mich auch auf meiner Internetseite.

Unter :

stefanie-roos.jimdo.com

Hier finden Sie alle Informationen über mich, meine bereits veröffentlichten Bücher und Neuheiten, die in Kürze erscheinen werden.

Ich freue mich bereits auf Ihren Besuch.